사랑 춤

국립중앙도서관 출판시도서목록(CIP)

사랑 춤 : 김명동 시집 / 지은이: 김명동. -- 대전 : 오늘의
문학사, 2015
p. ; cm. -- (오늘의문학시인선 ; 348)

ISBN 978-89-5669-674-4 03810 : ₩8000

한국 현대시[韓國現代詩]

811.7-KDC6
895.715-DDC23 CIP2015009702

오늘의문학시인선 348

사랑 춤

김명동 시집

오늘의문학사

| 自序 |

모든 것을 가질 수 있다고
믿은 때가 있었다.

잠시도 멈춤 없는 상실 속에서
추락의 악몽보다는
빛은 밤을 밝히기 위해 존재한다.

버리기조차 무거운 어둠
허우적거리다 보면
세월 속에서 사라지라는 의미

그래서 이 못난 화상이
바둥거리며
숨 쉬기를 멈추지 않는 까닭이다.

차례

自序 5

제1부_천태산 은행나무

오솔길 13
봄이랍니다 14
꽃샘추위 15
만찬 16
밤꽃이 피는 날 17
여름 18
7월 19
소나기 20
메밀꽃 21
가을이 낳은 얘기 22
시골 빈집 23
억새 24
늦가을 25
천태산 은행나무 26
동짓달 27
빈들 28
낙엽 29
가을 그리고 이별 30

겨울 숲으로 가라 32
2月 33
새벽 34
아침 35
저녁 36
하룻길 37
나를 찾으려고 떠나는 길 38
가야 되는 길 39

제2부_사랑춤 첫사랑

사랑 춤_푸른하늘 43
사랑 춤_자목련 44
사랑 춤_산 철쭉 45
사랑 춤_진달래 46
사랑 춤_벚꽃 47
사랑 춤_소식 48
사랑 춤_상사화 49
사랑 춤_눈사람 50
사랑 춤_당신 51
사랑 춤_첫눈 52

사랑 춤_승강기 53
사랑 춤_너 54
사랑 춤_그리움 55
사랑 춤_첫사랑 56
사랑 춤_화상 57
사랑 춤_만약에 58
사랑 춤_누구나 혼자이길 원하지 않는다 59
사랑 춤_화살 60
사랑 춤_불꽃 61
사랑 춤_미련 62
사랑 춤_빈잔 63
사랑 춤_空 64
사랑 춤_하늘 강 65
사랑 춤_겨울 연인 66
사랑 춤_그대가 사는 곳 67
사랑 춤_별 68
사랑 춤_짝사랑 69
사랑 춤_흔적 70
사랑 춤_내 이름 71
사랑 춤_그리움 72
사랑 춤_기다림에 대하여 73

제3부_사랑하는 사람에게

낚시 77
기다림 78
굿판 79
지진 80
천둥 81
무제 82
가로등 83
나리들 84
칼 85
그리움 86
자존심 88
시인(詩人) 89
인생 1 90
인생 2 91
인생 3 92
기억 상실증 93
자유인 94
거울 속의 나 1 96
거울 속의 나 2 97
침묵으로 말하라 98

내 꽃 99
내 옆에 네가 없다 100
사랑하는 사람에게 101
내 삶의 노트 102
지천명 103
환갑 104
용서하면 되는 것을 105
흔적 106
노을 107
당신에게 전하는 마음 108
열매 109

1부

천태산 은행나무

오솔길

오솔길에
내 마음의 꽃이 피고 있었다.
늙은 줄기에 걸린
구름 한 자락이
몸 비틀며 흔들리고 있었다.
지나가던 몇 올의 실바람이
노오란 향기를 따고 있었다.
봄이 오는 오솔길에
민들레꽃이 저 혼자서
애절한 기다림처럼 피고 지면서
홀씨 만들어
바람에 날리고 있었다

봄이랍니다

흰 눈밭을 걸어와
해질녘 낮달이
내 눈 안에 들어왔습니다.
모두 붉은 얼굴입니다
흙속에서
연둣빛 송곳들이 솟아오르고
먼 들 끝머리
당신의 푸른 옷자락이 보입니다.
내가 가는 길
세월이 어깨를 걸치면
꽃도 피겠지요.
아름다움에 취해
당신에게 뜻 모를 주정도 하겠지요.

꽃샘추위

이별은 쉽게 자리를 내주지 않는다.
겨울 끝자락을 허락하지 않는 찬바람

푸른 향기에 떠밀려 떠나가면서도
아쉬움 담긴 여운을 남긴다.

어디 이 계절뿐이랴
쫓고 쫓기는 시간들

그 위에 내려놓은
네 마음을 고요히 들여다보라.

후후 불어도 밀려가는 세월에
수많은 기억들이 지워져간다.

돌아보면 네 곁을 떠난 옛사랑이름이
숨결처럼 맴돌며 떨고 있으리.

만찬

늘 부러지게 널려 있는
흰 색 융단은
땅속 깊이 숨어버리고
시려움으로 덮어놓은
그 많은 날들을
햇살의 따가움이
얼굴을 태우며 벗겨놓는다.
승리의 만찬
울긋불긋 차려놓은
봄의 잔칫상 앞에
싱그러운 산은
구경꾼을 불러 모은다.

밤꽃이 피는 날

푸른 옷 입은
건장한 사내들이
욕정의 몸부림 끝으로
산비탈에 사정을 한다.

비릿한 정액 내음이
산바람에 진동하면
날개옷 입은 것들이
떼를 지어 날아들어
혼절하며 바둥거린다.

이 여름 지나기 전
생명을 만들어
가시 돋친 불룩한 뱃속에
영글은 열매를 만들기 위해.

여름

푸른 내음이
어깨 위에 내려앉는다.

산을 포위 하고 있던
푸른 병정들이
창을 들고 여름을 향해 찌르고 있다.

바람이 불러온 지휘자 없는
자연의 오케스트라 연주에
나뭇잎들이
온몸을 던지며 춤을 춘다.

봄을 건너온 계절
마중하는 이 없어도
시침 분침에 엎혀
다시 붉은 노을 닮은 가을을 향해
멀미 하는 세월을 주워 담으며 걷고 있다.

7월

서러움에 접힌 조각난 눈물이
뜨거운 대지를 피아노 건반처럼
요란하게 두드리고 있다.

세월에 무거움에 접힌
한해는 허리를 굽히고

하얀 물결 출렁이는
망초 꽃 춤사위는
바람 불러 한바탕 공연을 벌린다.

이마에서 흘러내리는
소금기 담은 땀방울이
중년의 지친 몸을 회초리로 치고

무성한 푸르름으로도
시간을 돌이킬 수 없는데
이마에 굵은 추억을 만들며
아쉬움을 안고 흘러가고 있다.

소나기

시끄러운 시간
누가 죽을죄를 지었나.
번개는 시뻘건 눈을 번쩍이며
범인을 찾고
고막 찢는 고함소리
오금 조이는 인간들
투명의 탈을 쓰고
숨을 곳을 찾고 있을 태지
심장의 두근거리는
소리를 들으며
그렇게 소나기 쏟아지는 밤에.

메밀꽃

하얗게 펼쳐놓은
옥양목 천이 펄럭인다.

순백의 순결
작은 꽃잎 속에 담긴
수많은 추억 한 사발.

가을이 낳은 얘기

유년의 기억
젊은 날의 그리움,
담아오는 시월 밤은
터질 듯한 보름달
어둠의 가면 속에
사랑만 고집하는
붉은 잎새 속에 숨은 마음.
휘 - 휘돌아
마을로 발길 돌려
정염을 불태우다가
마을 어귀 고목나무
잔가지에 걸려
바람에 맞아 울음 울며
토해낸 빈속 쓰린 세월이야기.
아쉬운 뒷이야기만
푸념처럼 눈물 흘리며
시린 바람에
갈 곳 잃고 서성대더라.

시골 빈집

산자락 끝머리 버려진 집
언제 부터인가
사립문이 닫혀있다.

지나가는 바람이 담장 너머로
고개를 기웃거려보지만
긴 한숨만 내려놓고
인적 끊긴 마당엔
망초 꽃만 하얀 얼굴로
집을 지킨다.

기억 접은 그날
허리 굽은 할머니
소식 없이 산으로가 푸른 잔디 집을 짓고
돌아오지 않으니
아궁이에 타다 남은 장작이
검은 속을 태우고 있다.

억새

비명소리 들린다.
삶을 마감하는 아쉬움
바람의 칼질이
살을 베고 있다.
짧은 빗줄은
노을이 되어 끌어당기고
잡을 수 없는 구름처럼
자리를 옮겨 앉는 계절.
아픔에 무릎 꿇고
꺾어진 통곡소리는 떨림으로
머리 풀어
승천하는 그대와
짧은 만남의 시간을
아쉬워하고 있다.

늦가을

겨울바람의 침략
총 맞은 잎새들이
붉은 피 머금고
산비탈에 힘없이 나뒹군다.
도토리 알밤
흙속에 몸을 숨기는
전선의 소용돌이 속에
버림받은 시린 하늘은
눈구름에 몸을 감추고
죽임의 끝머리
놓고 싶지 않은 삶
생명의 끈을 놓아버리며
그렇게 가을은
스스로 매장 당하고 있다.

천태산 은행나무

수 천년 세월 시달림에도
이 땅의 아픔을 붙잡고
손 놓지 못하는 자비가
두껍게 탑처럼 쌓여 있습니다.

곱던 살갗은 갈라져
껍질은 벗겨지고
몇 백년 아픔을 참아내며
피를 흘렸음일까.

지고지순의 사랑으로
노랗게 영글은
알알을 던지며
세월도 놓아버릴 수 없는
겨레의 든든한 버팀목으로

거기 그 자리에
우뚝 서서
모두의 가슴에 믿음을 심고 있습니다.

동짓달

또 한 장의 달력 숫자
지우개가 지운다.

잎새 떨어뜨리는
나무는 빈 마음이 되어
겨울 길 눈밭으로 들어서는데.

지독한 사랑도
흰 눈 속에 묻히고

삶의 길은 긴 여로인 것을
등 떠미는 노을이 얼굴 붉히면

마음속에 아직도
남아 있는 이름들이
어둠을 밝히며
빛을 수놓는 별로 하늘에 떠있다.

빈들

모두가 길 떠난
빈들에 누가 누워 있다.
여름 내내 키운 알곡 도둑맞은
볏짚이 누워 있고
하루해 다 지나도록
논 가운데 서서
참새 떼와 전쟁하던 허수아비
찬바람에 찢긴 옷 펄럭이며
외로움에 떨고 있는데
일찍 온 겨울
싸락눈이
빈들의 아픔을 덮으며 내린다.

낙엽

잎새가 잠든다.
머릿속에서 훔쳐낸
못다 꾼 꿈속에서
영혼의 소리 들으며
낙엽이 진다.

골다공증으로
뼛속 빈 나무의 무리들이
허공 어디쯤 한 모퉁이를
붉게 물들이는 노을처럼
낙엽이 진다.

무더위 전쟁에 총 맞은 병정들은
아직은 줄기 속에 남은 진액으로
마지막 목숨을 붙잡고

다음날 어디선가 다가온
찬 서리가 끌어당기는 질긴 끈에
무리지어 서있는 군중들 사이로
빛깔 잃은 낙엽이
넋을 놓고 우는 가을이 온다.

가을 그리고 이별

가을이 붉은 잎사귀로 매달려
길 떠날 채비를 하는 것 같습니다.

떠나는 발목 잡을 수는 없겠지요.
언제나 아쉬움을 책갈피 속에
노란얼굴로 접어 두는 게 좋겠지요.

지금 가을의 발길을 멈추게 한다면
알곡 없는 쓸쓸한 모습으로 서 있을 겁니다.

화려하던 여인이 옷을 벗고
시린 바람이 스며들면
나무들은 깊은 잠속에서 봄 꿈을 꿀 것입니다.

미리 온 봄날 따뜻한 햇살이
눈을 녹이며 잠을 깨울 때
파릇한 새싹을 선물하게 되겠지요.

나목으로 서있던 겨울나무가
파란 옷을 입고 푸르름을 자랑하지만

화려한 치장을 할 때
그때 비로소 이별을 알게 됩니다.

겨울 숲으로 가라

바람소리에 놀라
쉼 없이 떨어진
잎사귀들이 긴 수면에 빠져 있는 곳
알알이 나체가 되어
쏟아진 여름의 씨앗들
서릿바람 지나가고
산짐승이 지나가고
마음이 차가워지거든
겨울 숲으로 가라
발자국을 숙제처럼 남기면
그곳에는 포근히 잠든
나무들이 어깨를 빌려줄 것이다.

2月

코끝이 시리다.
찬바람의 심술
겨울 발뒤꿈치가
얼어붙어 떨어지지 않는다.

길은 파란 대문을 열어 놓았는데
붙잡는 것이 많다.

벌거벗은 나목에 피어있는 얼음 꽃
처마 끝에 매달려
두려움에 떨고 있는 투명의 고드름
창밖에 바람의 신음소리가
방안을 기웃거린다.

모자라는 숫자를 앓고 있는
2월 달력이 하얗게 걸려 울고 있다.

새벽

밤새 달려온 새벽이
환한 미소를 던진다.

숨죽이며 기다린 이슬
햇살이 던진 돌팔매에 맞아
혼절하며 수십길 아래 떨어져 숨는다.

침묵의 계단을
주인 없는 발자국들이
미친 듯 다투어 올라갔다.

마침내 장막은 걷히고
기다림을 외면한
애비 없는 태양이 얼굴 내밀고
싱긋 웃는다.

아침

또 다른 시작
식어 밤새 움츠린
아스팔트 위에 다시 햇살이 퍼덕이면
빛을 뿌리던 가로등
하나둘 침묵을 불러 눈을 감는다.
또 다른 움직임
꽁무니 치켜든 쇠붙이 괴물들의
광란의 질주가 검은 매연을 뿌려
코를 찌른다.
골목길마다
화장한 여인들의 움직임이
맑은 미소를 한올 한올
풀어내며 걸어 나오고
다시 불러오는 아침이
밀려가는 어둠에게 손을 흔든다.

저녁

노을이
가을 하늘을 붉게 태워

어둠을 불러와
잠을 재우고

검은 화선지 위에
웃음 짓는 달을 그려 놓았다.

하룻길

오늘이 쉬고싶어한다.
오래 참고 견딘 만큼
괴로움이 많은 날이다.
진종일
뜨겁게 불을 지피던
태양의 마지막 몸부림
꽃들과 입 맞추던 벌 나비들이
지는 꽃 붙잡고 퍼덕이면
골 깊은 산골짝에
바람이 운다.
일찍 나온 별들의 자리다툼에
목숨 거둔 서쪽 하늘은
붉은 빛을 지우고
검은 수렁에 빠진다.

나를 찾으려고 떠나는 길

예약 못한 삶의 차표
가끔씩 인적 없는 간이역에
곁눈질 없이 달려가는 고속열차

외면하는 시선들
내려놓지 못하는 어깨의 짓눌림
부치지 못하는 편지 속에
답장을 기다리는 허무함

손 내밀지 않는 젊음
찌그러지는 얼굴에
셀 수 없는 골이 깊어진다.

가야 되는 길

마음대로 가지 못하는 길을
나는 세월에 엎혀간다.

새벽안개 속에 숨은 길을
나는 햇살을 불러간다.

초록으로 물든 길을
소낙비 불러 물이 되어간다.

보이지 않아도 길이 막혀도
그래도 나는 간다.

밤 낮 없는 짓궂은 시계는
소갈머리 없이 자꾸만 원을 그리고

달력의 숫자는 그냥 있는데
주름의 골만 깊어간다.

2부

사랑춤 첫사랑

사랑 춤

— 푸른 하늘

진종일
눈 부비며 쳐다봐도
해 맑게 웃어주는
질리지 않는
파란 당신 얼굴.

사랑 춤

— 자목련

봄볕에 부풀어 오른
숫처녀 붉은 젖가슴

기다린 유년의 끝
흰 구름 시트 위에 그린
첫 경험의 흔적

누가 볼까 부끄러워
볼 붉히며

저녁노을 뒤로
몸을 숨긴다.

사랑 춤

— 산 철쭉

저 산 너머
그대가 있다면

노을에 묻어
함께 넘어가 볼 것을

보이지 않는 곳에 숨어
산을 붉게 물들이고 있을
끈적끈적한 그대 입술에
입맞춤하고

그 진한 독에 취해
혼절하고픈
내 마음 알까.

사랑 춤

— 진달래

봄 취객이
낮술에 취해
산비탈에 불을 지른다.

겨우내 메마른 산은
온통 불바다가 되어
산기슭을 붉게 물들이며
타오른다.

바람난 봄이
나뭇가지 흔드는
센 바람을 불러 부채질하면
꽃은 분홍 보자기를 풀어놓는다.

사랑 춤

— 벚꽃

화려한 옷 입고
황급히 바람 쐬러 왔다가
낯선 남정네
미소 한번 보지 못하고
빈 마음만 내려놓고
속앓이 하며 떠나는 여인.

바람이
발가벗겨 놓은
맨살이 부끄러워
하얗게 질린 얼굴
발밑에는 몸부림 끝에
벗어 놓은 흰 옷이 나뒹군다.

사랑 춤

— 소식

언제
어디서라도
살아 숨쉬고 있다는 것을
알리고 싶어서일까.

몽당연필 허리 휘도록
사연을 적어
하얀 봉투에
노란 우표 한 장 붙여서

빨간 우체통 속에
내 마음 담은
소식을 보낸다.
널 기다리고 있다고….

사랑 춤

— 상사화

긴 터널 속에 갇혀
허기진 그리움을 안고
삶을 마감하는 날까지
말할 수 없는
꽃과
잎
사이

사랑 춤

— 눈사람

굴리고
굴리고
둥그런 얼굴에 검은 눈썹
반나절 손 부르트며 만든
미소 짓는 사람아
한낮 실눈 뜬 햇살에
눈물만 남기고
내 마음속으로 녹아내린
물 같은 사람아.

사랑 춤

— 당신

꽃 피면
화사한 얼굴로 웃음 담고

비 오는 날
내 우산 속으로

바람 부는 날
내 등 뒤로

낙엽 떨어지면
내 가슴속으로

눈 오는 날
따뜻한 품속으로

올 수 있는 사람
당신뿐입니다.

사랑 춤

— 첫눈

부르지도 않았는데
하늘 버리고
새벽을 건너

담장 위에
장독 위에

하얀 마음을 포개 놓고
으시대며 앉아있네.

사랑 춤

— 승강기

비켜 갈 수 없는 시선
숫자판 불은
초읽기를 하는데
함께 숨쉬는 공간
길어질 수 없어
멈춰선 순간
바람과 함께
뒷모습 보이는 그대.

사랑 춤

— 너

화려한 옷 입고
매무새를 다듬어도
미소 짓는 얼굴로
거울 앞에 서 있어도
보여 줄 수 있는 것은
내 마음속에 있는
너 때문이다.

사랑 춤

— 그리움

산이 내려온다.
나무가 고개 숙인다.

바람이 달려온다.
나뭇잎이 요동친다.

어쩌란 말이냐
내 마음은
널 향한 그리움으로
넋을 놓고 있는데.

사랑 춤

— 첫사랑

유년의 날개를 퍼덕이던 날
풍성한 봄밭에
한 움큼 욕정을 쏟아 놓았다.
길목을 서성이던
어느 모퉁이
닮은꼴 아이가 충혈된 눈 굴리며
물끄러미 시선을 던지고 있다.
지워지지 않는 터널을
달음박질로 달려온 길
떨어진 붉은 낙엽에 적어놓은
여인의 이름 석 자,
아직도 기억 속에 남아
마음속을 기웃거리고 있다.

사랑 춤

— 화상

뜨거워도
놓을 수 없었던 사랑

시간이
눈감아도
흘러가는 강물

잎새는
초록 옷 벗어던지고
화려한 외출복으로 갈아입는데.

불도 아닌
사랑에 입은 화상 때문에
부풀어 오른 가슴

흉터 남을까
터트리지 못하는 물집.

사랑 춤
— 만약에

어젯밤 환한 달빛이
당신의 미소였다면
나는 무슨 대답을 할 수 있었을까.

만약에
아직도 지워지지 않는 기억이 있었다면
다시 그림을 그려 볼 수 있을까.

만약에
내가 당신 곁에 갈 수만 있다면

긴 밤 동안
당신의 가슴의 진동소리를 들으며
더운 입김 불어
색깔고운 칠을 할 수 있을 텐데.

사랑 춤

— 누구나 혼자이길 원하지 않는다

영원한 반려가 있을까.
맨살 부비며
달빛의 심술을
창밖으로 내던지던 날들
등을 맞대는 무관심이 길어지면
섭섭함이 찬바람으로 스친다.
지금 설령 사랑의 늪에 빠져있다 하지만
마음은 허상으로 허공에 떠있다
초록빛 들판이 낙엽처럼 떨어지는 것을
이해할 수 없는 자기만의 욕심,
반복되는 두려움
누가 나를 이해할 수 있을까.
때론 혼자이길 원하지만
그래도 마음속은
혼자가 된다는 두려움에 소름이 끼친다.

사랑 춤

— 화살

내 시선이
당신을 향해 날아갑니다.
피하지 않는 과녁

사랑의 화살은
심장에 명중하고
붉은 피가 뜨겁게 솟아오릅니다.

내 맑은 영혼은
고통의 끈을 떨쳐버리고
눈부신 빛으로
그대의 이름을 부릅니다.

사랑 춤

— 불꽃

하루에 몇 번씩
생각만 해도
웃음 짓고 있는 내가
어리석은 것인 줄도 모르고
꿈을 만들고 있다.

마음은 항상
화염에 휩싸여
활활 타고 있는데

멀어서
발길 닿지 않는 그대에게
던진 이야기 는
물거품으로 흘러가지 않을지.

사랑 춤

— 미련

비 오는 날이면
축축이 적셔지는
내 마음이 시리답니다.
불러 주지 않는
그대 생각에 아프답니다.
떠난 뒷모습 속에서
내 아픔을 건져야 하는
그것 때문에 서럽답니다.
지워지지 않는 그 이름
다시 누가 불러 줄지
생각만 해도
내 안에 남아있는
미련이 요동칩니다.

사랑 춤

— 빈잔

얼마나
많은 입술에
입맞춤하고
사랑을 느꼈느냐.
스스로
금이 가는 아픔을 겪었느냐.
잔이 넘치는 향내로
유혹하며
넘치는 情을 담았느냐.

사랑 춤

— 空

내 마음은
이렇게 밤을 밝히는 촛불로
온 몸을 태우며
눈물 흘리는데

그대
빈 마음 채울
따뜻함은 어느 건널목에 서 있는지

손끝에 잡히지 않는 그대
눈부신 빛을 뿌리면 무엇 하리.

내 손 닿을 수없는 곳에
숨어 있으니….

사랑 춤

— 하늘 강

어둠 속으로
소리 없이
나를 불러내신 당신.

검은 하늘에
사랑 노래를 적어놓고
내 눈가에 미소를 만듭니다.

그래서
하늘 강에 핀 꽃입니다.

사랑 춤

— 겨울 연인

처마 끝에 매달린
흰 눈의 눈물 고드름

투명의 송곳이 되어
가슴을 찌르는데

어디쯤 오시는지 당신의 마음
내 손끝에 닿지 않으니
마음이 시리답니다.

사랑 춤
— 그대가 사는 곳

그대가 사는 곳
그곳에
내 이름이 적혀 있으면 좋겠습니다.

부르지 않아도
시선 멈춰 질 수 있는
내 이름이 그림처럼 걸려
색깔 없는 투명의 향기라도
뿜어내었으면 좋겠습니다.

사랑이 아니라도
미움만은 없었으면

등불 없는 방
하얀 벽에 걸려
그대 모습을 담을 수 있는
거울로라도
걸려 있었으면 좋겠습니다.

사랑 춤

— 별

오늘밤
당신이 오신다면
어둠을 던져 놓겠습니다.

내 옆에 미소 짓고 있는
당신 그림자 지워지려 하면
달 불러다 웃게 하겠습니다.

사랑 춤
— 짝사랑

그대
부르고 싶은 마음
입술 끝에 매달려
진통을 느낀다.
붉은 망울처럼
그리움 덩어리 뭉쳐 있는데
시선 외면하는 얼굴
언제쯤일까.
차가운 시선이라도
내 눈 속에 들어와
심장을 마비시킬까.

사랑 춤

— 흔적

오늘이 이별하고
내일은 떠나가고
모든 것이 내게서 등 돌리는데
남기고 갈 지워지지 않는
묘비명에 적을 이름 석 자는 있는지
다시 또 다른 문 앞에 서면
물어보고 싶다.

사랑 춤

— 내 이름

나는
오늘 여기에다
이름을 적어놓고 갑니다.
기억 속에 담아두었던
그리움 덩어리 꺼내
펼쳐 보이고 싶어
햇살이 잘 드는 창 가까이에
적어놓고 가렵니다.

바람의 심술로 떨어지려는
이 가을이 다 가기 전에
혹시 방문이나 열어 보실는지,
누가 불러주지도 않는 어설픈
이름 하나 적어놓고 갑니다.
입술 끝에 매달려
두려움에 떨어도
지우개로도 지울 수 없는
마음의 이름입니다.

사랑 춤

— 그리움

미련한 침묵으로
그를 바라본다.
포장 속에 쌓인
그 마음을 훔치기 위해
맥없이 풀어지는 눈 가리개 속으로
그림자를 끌어당겨
셔터를 눌러본다.
전율처럼 파고드는
동공 속에 비밀
몸속 구석구석을 꿈틀거리게 하는
송곳 같은 진통이
그리움에 싹을 틔운다.

사랑 춤

— 기다림에 대하여

파도가 없었다면
밀려오는 모래알이
바닷가에서
벌거벗은 알몸을 굴리지 못했을 것을.

까만 점처럼
놓여있는 섬들이 없었다면
바다가 쓸쓸했을 것을.

그대 그리움이 없었다면
내 기다림이
얼마나 길어졌을까.

3부

사랑하는 사람에게

낚시

멍든 물 속에
던지는 거짓말

유혹은
생명의 끈을 끊어버리는데

참을 수 없는 욕심에
흐려지는 삶의 미로.

기다림

저녁 바다에
시퍼렇게 날을 세운 파도가
아픈 마음을 자르고 있다.
어디쯤에 있는 그대
기다림의 속내도 모른 척하는 조각달이
밤을 건너 새벽이 와도 비웃고 있다.

굿판

색깔 옷 입은 풍각쟁이가
한바탕 굿판을 벌린다.
계절이 던져놓은
붉은 한 장이 비틀거리며
길을 재촉 하고 있다.

행여 돌아올 누가 있을까
추억의 터널 속을 주시하지만
빛살 없는 어둠이 계절의 유혹에 빠져들어
무거운 눈꺼풀을 덮어놓고
내게 머물다간 계절의 굴레는
기다림 없이 손을 흔든다.

지진

흔들림 뒤에
부수어지는 파멸

찢기는 아픔 속에
진동하는 미련

튕겨 날아가는
조각들의 굳은 언약

흔들리는 땅보다
더 요동치면 된다.

불꽃처럼 튕겨져
재가 되어도

내 영혼 속에
고통은 숨을 죽이고
비밀을 지킨다.

천둥

갈갈이 찢기는 벼락 앞에
검은 하늘이 요동치며
눈물을 뿌린다.
바람난 사내의 가슴은
사시나무가 되고
버릴 수 없는 첫사랑 추억을 죽여 보는데
뜨거운 모래밭에 혀를 묻어도
버릴 수 없는 기억은
자꾸만 새살을 돋운다.

무제

아스팔트가 수술당한다.
검은 살점을 자르는
톱날소리 귓전을 두들긴다.
자동차 바퀴에 날마다 깔려죽고
계획 없는 머리통 빈- 사람 때문에
오늘도 수술대 위에
마취주사도 없이 누워 있다.

가로등

살갗에 화상을 입은
검은 아스팔트가
불빛마저 외면하며
어둠 속으로 숨고 싶은 저녁
거리에
내 팽겨진 불빛이
발아래 밟히며
신음소리를 낸다.

가끔 누군가
슬픈 울음소리로
등에 기대 이별을 노래하고
밤마다 하루살이가
때를 지어 날아와
얼굴 가득 달라붙어 주근깨를 붙이고
시끄러운 광란의 밤을 만든다.

나리들

검은 입속에서
사악한 뱀의 혓바닥이 날름거린다.
거짓을 아닌 것처럼 뱉으며
자신의 형체도 모른 채
날마다 구린내 나는 의자에 앉아
책상 위에 얹어놓은
명패에 거름 칠하며
담장 넘을 궁리만 한다.
도둑질한 물건은 있는데
범인은 오리무중
빈 총 들고 지키는 나리들은
후환이 두려워 수갑 못 채우고
송곳 같은 자리 위에서
눈치만 보는 세상.
면책도 빽도 없는 백성들은
억울해도 수갑을 차는데
도둑이 득실거리는 세상
그것을 보고도 못 본 체해야 하는 것이
이 땅의 삶인 것을….

칼

시선은 선 없는
무엇을 갈라놓는다.

도마 위에
난도질당하는 가슴은
토막 나고

어디쯤에 놓여있는지
그대 마음
붉은 고추 같은 얼굴
외면당할 것 같은
저려오는 불안감

건너갈 수 없는 다리 저편
보이는 모습이
신기루 속에 아른거린다.

그리움

긴―여정
반환점에서 돌아온다.

소낙비 맞으며
내 마음속에서 이별한 사람

기약 없음을
서러워 말자.

미련 따위 있으면
만날 날이 있겠지

회색 도시처럼
베어버린 기다림

구름처럼 파란종이 위를 달려와
미소 담는 그대

그리움을 안고 돌아온
슬픈 빛 하늘

애절한 느낌으로 파고드는
가슴 조이게 하는 연민 덩어리.

자존심

단단한 숫돌 위를 오가며 선 없는 날을 세운다.
날이 선 눈빛은 무엇을 자르기 위한 시퍼런 몸인가.
도마 위에 움츠린, 도망갈 수 없는 포로들을
사정없이 자른다, 찢어지는 비명소리
한 번의 실수도 용납하지 않는 그만의 오만함이
시린 가슴을 잘라 이별을 만들고
젊은 날 어렴풋이 담겨있는 기억조차 동강내고 있다.

시인詩人

끊어지지 않고
줄줄 흘러나오는 볼펜 잉크가
원망스럽다.

쓰다버린 구겨진 원고지들이
방바닥에 뒹굴며
난장판을 만든다.

쥐어짜고 고민해도 나오지 않는
장막 속에 갇힌 이야기들
시계 속에서 세월을 낚는
시침 분침이 곁눈질을 하며 지나간다.

가끔 들리는 새벽 종소리가
비아냥거리며 귓속을 후벼 판다.

시인은 밤새 그릴 수 없는
시어를 주워 담으려고 발버둥치다
헛것이 보여 잠시 눈꺼풀을 내리며
꿈속으로 들어가 한 줄 적는다.

인생 1

하루
또
시퍼런 작두 위에
맨발로 인생의 춤을 추는
무녀의 고달픔인가.
스스로 선택의 여지도 없이
길 위에 던져진 고깃덩어리
작은 흔들림에도
조바심은
진홍빛 피멍이 들고
아픔 위에 더욱 세찬
매질이 후려친다.
들고 놓음이 어디에 있는지
속 좁은 항아리에
미련한 속내를
다 담을 수 있을까.

인생 2

오늘이
생의 마지막이라면
부담 없을 것을.

기쁨이라는 것
입가에 잠시 미소를 만들 뿐
어머니 자궁을 열고
빛살이 눈부셔 고함을 지르고
시간 맞춰 세상 구경한 것뿐인데.

무슨…
정해진 길 위에 앉아
바둥거리다가
해질녘 노을 속에
그려지는 그림이 곧 내가 되는 것을.

인생 3

인간은
삶을 화투판이라 한다.

색깔 속에 숨어
열두 달을 그려 놓았다.

뒤집으면
얼굴 내밀며 짝을 맞춘다.

밑천 없이는
판을 들어 설 수 없는 것이
노름판이다.

어깨를 짓누르는 인생은
밑천 없어도
희로애락을 잡으며
그만이 앉아 있을 수 있는
정해놓은 자리에 살고 있는 것이다.

기억 상실증

언제부터인가,
모두를 닫아버린 날
뿌연 입김 뿜어내며
지워지는 겨울 안개는
산비탈 낙엽에 사정을 하며
서리를 만든다.
돌아올 수 없는 유년의 시간은
자꾸만 하얗게 지워지고
내 안에
아직도 분바르지 않은 그대는
퇴색된 머리칼 속에서
길을 잃고 헤맨다.

자유인

나는 자유인이다.
벌거벗은 마음으로
거리를 활보하며
뭇사람들의 따가운 눈살에도
아랑곳하지 않는다.

가끔 동공의 소매치기가 되어
시선 가까이 와 닿는
물건들을 죄의식 없이
무차별하게 훔친다.

종교도 자유나 하느님의 말씀이나
부처님의 법문도
나에겐 해당 사항이 없다.

그냥 마음 내키는 대로
믿고 중얼거린다.

깊은 밤하늘 보름달을 보며
정신병자가 되어 소리 지르며

스트레스를 날린다.

혹 구겨진 쓰레기 같은
잘난 인간들에게 화를 내고
욕을 퍼붓고
나 또한 마음속에 죄책감으로
스스로 용서를 구한다.

자유인이란 너나 할 것 없이
내가 만든 나만의 삶
자신이 기쁨을 만들고 슬픔을 포개며
세상 속에 묻어 살아간다.

거울 속의 나 1

또 다른
나를 닮은 쌍둥이가 서있다.

세월에 겁먹은 얼굴
깊은 주름 속에
지워지지 않는 숫자를 심고

어느 누구도 말려줄 사람 없이
하얀 분칠로 지우려 해보지만

거울 속에 서 있는 내가
세월을 채찍질하는
내가 아니라고 우겨보지만

그 속엔 어차피
나를 닮은 내가 서있을 수밖에 없는 것을.

거울 속의 나 2

내 안식처
지친 몸 내려놓고
스스로의 모습을 찾으려고
거울 앞에 선다.
그 속에 벌거벗은 내가 섰다.

쫓고 쫓기다 지쳐
다시 돌아온 자리
삶의 의미가 거울 속에 담겨 있다.

마른 몰골처럼 빈약해 보인다.

참 얼굴
그것을 찾기 위해
후회 없는 오늘을 시작하고
행복한 내일을 만나기 위해
다시 거울 앞에서
미소 짓는 얼굴로 빗질을 한다.

침묵으로 말하라

너를 위해 벗어던진
그 벌거숭이가
부끄러운 줄 모르고
거리를 활보 하고 있다.

침묵으로
대답하는 여인아
사랑을 피우거라.
그리고 뜨거움에
가슴을 데어 보거라.

그런 후 맑은 영혼을 두드려
이름을 문 앞에 걸어두어라.
그러면 찾아갈 것이다.

내 꽃

네가 나의 꽃으로 핀 것은
아름다움을
자랑하기 위함이 아니다.
네 모습이 내 마음에
향기로워서가 아니다.
네가 나의 꽃인 것은
내 가슴에 화살처럼 꽂혀
뜨거운 혈류 따라
구석구석을 휘돌아와
심장의 박동소리를
듣고 있기 때문이다.

내 옆에 네가 없다

시린 눈밭 서리 내리던 그 자리에
나체로 외출한 나무들 어깨 위에
하늘 버리고 온 흰 눈이 무게를 달며 얹혀있다.
후드득 떨어질 아쉬움에
바람에게 두 손을 모은다.
눈보라 속을 하얀 옷 입은 병정들이
앞 다투어 산을 오르고 햇살내린 마당에
반나절 눈밭을 굴러
흰 소복 입은 내가 눈사람으로 서있다.
붉은 빛 뿌리며 미소를 띠고 있는
하늘의 주인은 내려와 손 내미는데
외로움에 떨고 있는 내 옆엔 네가 없다.

사랑하는 사람에게

우리에게 이 시린 계절조차 와주지 않았다면
무엇으로 따뜻한 포옹을 하며
서로의 체온을 느낄 수 있었겠느냐.
우리 서로가 사랑이 깊어질 수 있겠느냐 .

이 겨울 눈밭이 없다면
봄은 무엇으로 태어나고
화려한 꽃은 무슨 기운으로
향기를 뿜어 벌 나비를 초대 할 수 있겠느냐

눈보라 치는 겨울밤이 없다면
눈 뜨고 별을 해며
그대를 기다릴 수 있겠느냐.

이 겨울이 없었다면
눈 속에 묻힌 그 속마음을 무엇으로 읽을 수 있으며
아궁이에 군불을 지펴 따뜻한 방을 고마워하고
그 마음속에 숨은 이야기를 들을 수 있겠느냐.

창 같은 고드름이 내 가슴을 찌르면
다시 눈뜨는 사랑이 내게 온다고 믿겠느냐.

내 삶의 노트

살아있다는 것은
내 삶의 노트를 정리하는 것이다.
길 위에 선 내 마음이 가끔씩
사랑이라는 유혹에 흔들린다.
어떤 인연은 그리움이 되고
어떤 인연은 이별이 된다.
하루에 한 번씩 붉게 물든 노을은
오늘을 태우며 저물어가고
그리움도 아픔도 투명의 색으로 지워진다.
오늘도 나는 이유 없는 투정을 부리며
그림자 속에 숨은 그대 이름 부른다.
살아있다는 것은
외로움을 쌓으며
내가 혼자임을 아는 것이다.

지천명

세월을 짊어진 노인의 등이 휘어있다.
무거움이 느껴지는 두 팔을 허리 뒤로 묶고
중심의 저울추를 흔들며
힘든 삶을 내딛는 발걸음
뼈마디에서 들려오는 덜거덕 소리가
박자를 맞추며 누워있는 길 위로 걸어간다.
길섶에 노란 민들레
밟히는 진통으로 무언의 고함소리가 들리는 듯
계절의 서릿발 아래
시린 마음 그렇게 달래고 있다.

환갑

세월의 숫자는 굵어지고
당신 혈압의 수치는
전봇대처럼 높아지는데

멈출 수 없는 나이의 숫자
다리가 아프다.

육십 평생 육신을
최대한 학대한 나머지
계급처럼 높아지는
주름의 숫자가 깊어진다.

훈장처럼 달고 다니는
관절염과 고혈압
삶속을 헤매다 얻은 것인데

육십 봉우리에 우뚝 선
당신의 메아리
귓가에 맴돌고 있다.

용서하면 되는 것을

삶에서 우리는
두려움을 나누고 산다.

가져갈 것 없는
벗어버리고 싶은
누더기처럼 걸쳐놓은
욕심이란 껍데기 때문에
서로를 작두 위에 얹어서

토막 내고
질책하며
매듭을 풀지 않고
용서할 수 있었던 것을
등 돌리고 외면하며 산다.

흔적

혼자였다.

내가 그의 기억 속에서
지워져버린 사실만 있을 뿐

때로는 남아있는 동행의 미련이
마음 한구석에서
곰팡이처럼 번져가고 있을 뿐

살다보면 지우개 없이도
그 흔적을 지워 버릴 수 있을지
나 스스로도 던져버릴 돌이 없다.

노을

자꾸만 붉어지는 얼굴
주정하는 취객처럼 흔들린다.

누군가를 죽도록 사랑했지만
아픔을 담았고
사랑했던 죄로
슬픔을 나누었다,

어둠을 맞이하는 노을로
세상 곳곳에 눈물자락 뿌리고
이별의 손짓하며
밤 불러 그림자를 지운다.

또다시 별을 수놓고
그 누군가 불러 주는 슬픈 노래
한줄기 빛으로 기억된다.

당신에게 전하는 마음

당신을 보고 있노라면
마음으로 전하는 말을 들을 수 있습니다.
소리 없는 마음의 향 가득히
젖는 사연이 스며듭니다.

당신의 쉼 없는 맥박소리가
두근거림으로 다가와
가슴을 적셔 놓습니다.

때로는
나도 모르게 옆에 없는
당신과 함께한 줄 착각을 합니다.

나도 속 깊은 마음을 풀어놓고
당신에게서 지워지지 않는
늘 가까이에서 숨쉬는 산소같이
날마다 느끼며 살고 싶습니다.

열매

언제쯤
둥그런 얼굴에
고운 색깔을 칠할까.

시린 하늘 속에
미완성으로 매달린
철부지 색깔들이
번져가는 발목을 잡는다.

언제
마지막 화장하고
매끄러움의 감촉을 느끼며
그대 입술에
입맞춤하고 포만감으로 채워질까.

사랑 춤

김명동 시집

발 행 일 | 2015년 5월 15일
지 은 이 | 김명동
발 행 인 | 李憲錫
발 행 처 | 오늘의문학사
출판등록 | 제55호(1993년 6월 23일)
주　　소 | 대전광역시 동구 대전로 867번길 52(삼성동 한밭오피스텔 401호)
전화번호 | (042)624-2980
팩시밀리 | (042)628-2983
홈페이지 | http://www.lito77.co.kr(홈페이지)
전자우편 | hs2980@hanmail.net

공 급 처 | 한국출판협동조합
주문전화 | (070)7119-1741~2
팩시밀리 | (031)944-8234~6

ISBN 978-89-5669-674-4
값 8,000원

* 이 사업은 (재)충북문화재단, 한국문화예술위원회에서 사업비 일부를 지원받았습니다.

* 이 책은 ㈜교보문고에서 E-Book(전자책)으로 제작 · 판매합니다.
* 잘못 제작된 책은 바꾸어 드립니다.